*für:*

..................................................................................

*von:*

..................................................................................

# Impressum

Bibliografische Informationen Der Deutschen Bibliothek

Die Deutsche Bibliothek verzeichnet diese Publikation in der Deutschen Nationalbibliografie; detaillierte bibliografische Daten sind im Internet über http://dnb.ddb.de abrufbar.

ISBN 978-3-86827-114-0

35037 Marburg an der Lahn



Gestaltung: Christian Heinritz
Satz: Verlag der Francke-Buchhandlung GmbH
Printed in Hong Kong

www.francke-buch.de

Steffi Baltes

# Unser Leben, ein Weg mit Gott

# Zum Geleit

Unser Leben ist wie ein Weg.

Wir kommen her von Gott, unserem Ursprung. Wir laufen los und gehen unseren „Lebensweg“. Manchmal mit Gott, oft ohne ihn.

Vielleicht wissen wir gar nicht, dass er da ist und uns begleiten will. Oder wir lassen ihn links liegen, weil wir nichts von ihm erwarten. Manchmal laufen wir auch vor ihm weg, weil wir selbst bestimmen wollen, wo es lang geht. Wir nehmen die falsche Abzweigung und finden uns in einer Sackgasse unseres Lebens wieder.

Es gibt aber auch die anderen Zeiten, in denen wir weise Entscheidungen treffen und Gott unseren Weggefährten sein lassen. Dann gehen wir mit ihm durch dick und dünn, durch gute und durch schlechte Zeiten. Immer wieder dürfen wir uns an der Schönheit freuen, die Gott uns am Wegrand schenkt.

Und wenn wir doch auf Abwege geraten, Umwege gehen oder Irrwege einschlagen, dann ist Gott ein geduldiger „Reiseleiter“, der uns lockt, auf den richtigen Weg zurückzukehren.

Er will mit uns gehen, jeden Tag unseres Lebens.
Er geht uns auch voraus.
Und er wartet auf uns am Ende des Weges.
Er ist unser Wegbereiter, unser Weggefährte und das Ziel unserer Reise.

*„Du tust mir kund den Weg zum Leben: Vor dir ist Freude die Fülle und Wonne zu deiner Rechten ewiglich." (Ps. 16,11)*

Die Bilder, Texte und Gebete in diesem Bildband inspirieren uns, auf den verschiedenen Wegabschnitten unseres Lebens in Jesu Fußstapfen zu treten.

*„Du krönst das Jahr mit deinem Gut, und deine Fußstapfen triefen von Segen." (Ps. 65,12)*

*„Denn dazu seid ihr berufen, da auch Christus gelitten hat für euch und euch ein Vorbild hinterlassen, dass ihr sollt nachfolgen seinen Fußstapfen." (1. Petr. 2,21)*

Herr,
du öffnest mir die Tür
in eine neue Welt.
Noch kann ich nicht sehen,
was vor mir liegt.
Ich lege meine Hand
in deine Hand,
trete hinaus ins Freie
und mache mich auf den Weg.

„Siehe, ich habe vor dir eine Tür aufgetan
und niemand kann sie zuschließen."
(Offb. 3,8)

Meine Seele jubelt,
ich laufe los und freue mich.
So weit ist deine Welt.
So hell und klar.
Ich wusste nichts
von ihrer Schönheit.
Ich atme tief,
strecke die Arme in die Luft,
und lasse mich
von dir erwärmen.

„Du stellst meine Füße auf weiten Raum."
(Ps. 31,9)

Mein Ziel ist klar,
ich will dir entgegengehen.
Den Blick auf dich gerichtet,
gehe ich voran mit sicherem Schritt.

„Ich vergesse, was dahinten ist,
und strecke mich aus nach dem, was da vorne ist,
und jage nach dem vorgesteckten Ziel,
dem Siegespreis der himmlischen Berufung Gottes
in Christus Jesus."
(Phil. 3,13-14)

Und tauchen Hürden vor mir auf,
halte ich mich fest an dir.
Gemeinsam sind wir stark
und meistern jedes Hindernis.

„Mit meinem Gott kann ich über Mauern springen.
Gottes Wege sind vollkommen."
(Ps. 18, 30-31)

Du schenkst mir Freunde,
die ein Stück des Weges mit mir gehen.
Seite an Seite, dich in unserer Mitte,
lachen wir und weinen und helfen einander auf,
wenn einer fällt.

„Und Jesus rief die Zwölf zu sich
und fing an, sie auszusenden,
je zwei und zwei."
(Mk. 6,7)

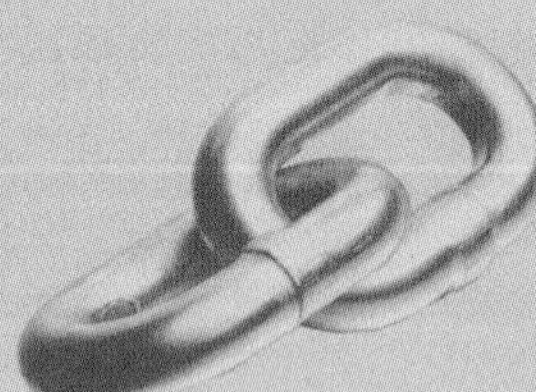

Wenn ich müde werde auf meiner Lebensreise,
hältst du einen sich'ren Ort bereit.
Hier kann ich ausruhen in der Hitze des Tages,
und Zuflucht finden vor den Gefahren der Nacht.

„Jesus aber wandte sich um und sah sie nachfolgen
und sprach zu ihnen: Was sucht ihr?
Sie aber sprachen zu ihm: Rabbi, wo ist deine Herberge?
Er sprach zu ihnen: Kommt und seht!"
(Joh. 1,38-39)

Manchmal habe ich Angst aufzubrechen,
weiterzugehen.
Wohin?
Bin ohne Richtung, ohne Ziel.
Eine leise Stimme tief in mir
erinnert mich an deine Worte:

„Deine Ohren werden hinter dir das Wort hören:
Dies ist der Weg; den geht! Sonst weder zur Rechten noch zur Linken!“
(Jes. 30,21)

„Ich will dich unterweisen und dir den Weg zeigen,
den du gehen sollst; ich will dich mit meinen Augen leiten.“
(Ps. 32,8)

300
320
W
40
0
20

Bin wie erstarrt.
Raureif liegt auf meinem Herzen.
Setze Schritt vor Schritt, träumend fast.
Gefangen im Gestern,
noch nicht bereit, vergangene Schmerzen
loszulassen und dir zu vertrauen.
Wirst du es in mir Frühling werden lassen?

„Das aufgehende Licht aus der Höhe richte unsere Füße
auf den Weg des Friedens.“
(aus dem Lobgesang des Zacharias, Lk. 1,78-79)

An manchen Tagen zieht sich
ein Schleier wie Nebel vor meine Seele.
Bin blind geworden für den rechten Weg.
Herr, lass mich nicht im Stich!

„Welches ist der Weg dahin, wo das Licht wohnt?“
(Hiob 38,19)

„Dein Wort ist meines Fußes Leuchte
und ein Licht auf meinem Wege.“
(Ps. 119,105)

Wie kostbar und schön sind die Momente,
wenn mein Weg zu dir
einer Himmelsleiter gleicht.
Mit fröhlichem Herzen komme ich dir näher.
Mit leichtem Schritt steige ich empor zu dir.

„Gott rüstet mich mit Kraft und macht meine Wege ohne Tadel.
Er macht meine Füße gleich den Hirschen
und stellt mich auf meine Höhen."
(Ps. 18,33-34)

Ich habe den festen Boden unter den Füßen verloren,
schleppe mich durch Morast und Sumpf.
Meine Schritte sind zentnerschwer.
Zieh mich heraus, Herr, zieh mich wieder hin zu dir!

„Ich versinke in tiefem Schlamm, wo kein Grund ist;
ich bin in tiefe Wasser geraten, und die Flut will mich ersäufen."
(Ps. 69,3)

„Des Menschen Herz erdenkt sich seinen Weg;
aber der Herr allein lenkt seinen Schritt."
(Spr. 16,9)

Herr, ich danke dir!
Du führst mich wieder zurück auf einen guten Weg.
Unter deinem Schutz kann ich sicher laufen.

„Er zog mich aus der grausigen Grube,
aus lauter Schmutz und Schlamm,
und stellte meine Füße auf einen Fels,
dass ich sicher treten kann."
(Ps. 40,3)

Du überwindest Abgründe.
Du baust mir Brücken.
Du erfrischst mich am Wegesrand.
Ich freue mich auf neue, unbekannte Pfade –
mit dir.

„Er weidet mich auf einer grünen Aue
und führet mich zum frischen Wasser.
Er erquicket meine Seele.
Er führet mich auf rechter Straße
um seines Namens willen.“
(Ps. 23,2-3)

Wenn dunkle Gewitterwolken am Horizont aufziehen,
wenn mein Weg durchs Zwielicht führt,
will ich darauf vertrauen:
Deine Nähe bricht durch das Dunkel.
Der Berg Gottes ist nahe.

„Und ob ich schon wanderte im finstern Tal,
fürchte ich kein Unglück; denn du bist bei mir."
(Ps. 23,4)

„Ich hebe meine Augen auf zu den Bergen.
Woher kommt mir Hilfe?
Meine Hilfe kommt vom Herrn, der Himmel und Erde gemacht hat.
Er wird deinen Fuß nicht gleiten lassen,
und der dich behütet, schläft nicht."
(Ps. 121,2-3)

Es gibt Tage, da fühle ich mich bedrängt von allen Seiten.
Mein Lebensweg ist zum Engpass geworden.
Und ich frage mich:
Soll ich umkehren? Soll ich weiterlaufen?
Wirst du am Ende auf mich warten?

„Wir müssen durch viele Bedrängnisse in das Reich Gottes eingehen."
(Apg. 14,22)

„Wir wissen, dass Bedrängnis Geduld bringt,
Geduld aber Bewährung, Bewährung aber Hoffnung,
Hoffnung aber lässt nicht zuschanden werden."
(Röm. 5,3-5)

Du gehst voraus. Du schaust dich um.
Dein Blick ermutigt mich, nicht nachzulassen,
die Reise fortzusetzen.
Du streckst deine Hand aus und ziehst mich mit dir fort.
Gerade, als ich denke, es geht nicht mehr,
öffnet sich das enge Tal und wir treten hinaus
in eine neue Welt.

„Er führte mich hinaus ins Weite,
er riss mich heraus; denn er hatte Lust zu mir."
(Ps. 18,20)

Immer wieder treibt es mich zurück
zu den Trümmern der Vergangenheit.
Ich setze mich nieder.
Will nicht loslassen. Will im Gestern wohnen.
Es fühlt sich gar nicht gut an.
Doch es ist vertraut.

„Wer seine Hand an den Pflug legt und sieht zurück,
der ist nicht geschickt für das Reich Gottes."
(Lk. 9,62)

„Gedenkt nicht an das Frühere und achtet nicht auf das Vorige!
Ich mache einen Weg in der Wüste und Wasserströme in der Einöde."
(Jes. 43,18-19)

Aber du lässt mich nicht bleiben, wo ich bin.
Du schenkst mir Kraft und eine neue Richtung.
Du segnest meine Schritte und heilst mein Herz.
Ich darf selbst zum Wegbereiter werden.
Unbeschwert laufe ich los zum Haus des Vaters
und nehme andere mit zu dir.

„Es soll durch dich wieder aufgebaut werden,
was lange wüst gelegen hat,
und du wirst wieder aufrichten, was vorzeiten gegründet ward;
und du sollst heißen:
‚Der die Lücken zumauert und die Wege ausbessert,
dass man da wohnen könne.' "
(Jes. 58,12)

Auf meinem Pilgerweg darf ich dich in mir tragen.
Du gehst mit, zu jedem Menschen, an jeden Ort der Welt.
Ich höre deine Stimme, die mich fragt:

„Wen soll ich senden? Wer will unser Bote sein?
Ich aber sprach: Hier bin ich, sende mich!"
(Jes. 6,8)

„Des Gerechten Pfad glänzt wie das Licht am Morgen,
das immer heller leuchtet bis zum vollen Tag."
(Spr. 4,18)

„Ihr werdet die Kraft des Heiligen Geistes empfangen
und werdet meine Zeugen sein in Jerusalem
und in ganz Judäa und Samarien und bis an das Ende der Erde."
(Apg. 1,8)

Ich habe einen Traum:
Am Ende der Zeit, in einem anderen Leben,
da laufen du und ich Hand in Hand
am Strand entlang.
Meereswogen rollen ans Ufer.
Sand knirscht unter unseren bloßen Füßen,
die warme Sonne bescheint uns,
der weite Himmel strahlt über uns.
Wir schauen nicht zurück.
Wir schauen nur nach vorn.
Ich will dich alles fragen,
was ich schon immer wissen wollte.
Doch du siehst mich an,
und ich verliere mich in deinen Augen.

„Zieh mich dir nach, so wollen wir laufen.
Der König führte mich in seine Kammern." (Hl. 1,4)

*Ein weiterer wertvoller Bildband aus der Feder von Steffi Baltes*

ISBN 978-3-86827-114-0